동아시아미래가치연구소
생명학 CLASS **03**

고전과 생명

고전과
생명

동 아 시 아
미래가치연구소
생명학 CLASS
03

성균관대학교
출 판 부

송재소
지음

기획의 말

오늘날 우리는 '생명'이라는 단어를 자연스럽게 사용하지만, 그 의미를 깊이 성찰할 기회는 많지 않습니다. 근대 과학과 서구적 사유 속에서 정립된 '생명' 개념은 우리 삶에 깊숙이 스며들었지만, 동시에 인간과 자연, 기계와 생명의 경계를 엄격히 구분하는 이분법적 사고를 만들어 냈습니다.

그러나 21세기 들어 기후 위기, 인구 구조의 변화, 첨단 기술의 발전, 인공지능(AI)의 등장과 같은 거대한 전환을 맞이하면서, 기존의 생명관은 더 이상 충분한 설명력이 없음을 드러내고 있습니다. 이제 우리는 다시금 묻습니다.

'생명이란 무엇인가?'

'우리는 생명을 어떻게 이해하고, 어떤 가치를 부여해야 하는가?'

'생명과 생명을 잇는 관계 속에서 돌봄과 책임은 어떤 의미를 가지는가?'

'기술 발전과 함께 생명윤리는 어떻게 변화해야 하는가?'

동아시아미래가치연구소의 "생명학 CLASS" 시리즈는 이러한 질문에 답하고자 기획되었습니다. 본 연구소는 동아시아적 전통 속에서 생명 개념을 탐구하고, 현대 과학 기술 및 인문학적 사유를 융합하여 생명의 의미를 재구성하는 시도를 이어가고자 합니다.

본 시리즈 강연록은 다양한 학문 분야의 연구자들이 주축이 되어 학술적, 사회문화적 관점에서 생명을 해석하고, 현대 사회가 직면한 생명 관련 난제들을 조망하는 내

용으로 구성됩니다. 특히, 현 사회에서 더욱 중요해지고 있는 '돌봄(care)'과 '생명윤리(bioethics)'의 가치에 주목하며, 생명과 생명 사이의 관계성을 조명합니다.

　　오늘날 의료 기술의 발전과 유전자 조작, AI와 로봇 기술의 도입, 기후 변화 속에서의 생명 유지 문제는 새로운 윤리적 화두를 던지고 있습니다. 이에 인간 중심의 생명관을 넘어, 모든 생명체와 생태계가 조화를 이루며 공존할 수 있는 방향으로 생명윤리를 재정립할 필요가 있습니다. 돌봄은 단순한 보살핌을 넘어, 인간과 자연, 기술과 사회가 함께 살아가는 방식에 대한 근본적인 성찰이며, 그 안에서 우리는 생명 존중의 실천적 의미를 찾아야 합니다.

　　이 시리즈를 통해 우리는 근대적 생명관의 한계를 넘어, '돌봄'과 '생명윤리'를 중심으로 자연과 인간, 기술과 생명의 새로운 관계를 모색하고자 합니다. 생명에 대한 철학적, 윤리적, 사회적 논의를 확장함으로써, 보다 지속 가능하고 공생적인 미래를 설계하는 데 기여할 수 있기를 바랍니다.

　　동아시아의 사유 속에서 생명의 본질, 돌봄의 의미,

그리고 생명윤리의 방향을 다시 묻는 이 여정에 독자 여러분을 초대합니다.

동아시아미래가치연구소

박이진

차례

기획의 말 · 4

고전과 생명

2024년 10월 25일 금요일 오전 10시

- **강연자**: 송재소(성균관대학교 명예교수, 퇴계학연구원 원장)
- **사회자**: 김영죽(성균관대학교 동아시아학술원 HK연구교수)
- **강연제목**: 고전과 생명

🎤 사회자

네, 이제 시간이 된 것 같은데요. 시작하도록 하겠습니다. 안녕하십니까? 저는 성균관대학교 동아시아학술원 HK 연구교수 김영죽입니다. 오늘 특강을 위해 자리해 주신 내빈 여러분, 그리고 동아시아학술원 원장님 이하 여러 관계자 선생님들께도 깊은 감사를 드립니다. 동아시아학술원 인문학연구소와 동아시아미래가치연구소가 공동 주최하는 2024년 "생명학 CLASS" 기획 특강은 총 4회로 구성하여 진행되었으며 이번이 그 마지막 강연입니다. 오늘 강연해주실 선생님께서는 퇴계학연구원 원장님이자 성균관대학교 명예교수이신 지산(止山) 송재소 선생님이십니다. 선생님께서는 다산학(茶山學)의 대가이십니다. 그리고『시와 술과 차가 있는 중국 인문 기행』(창비)의 저자로도 잘 알려져 있습니다. 아마 오늘 이 자리에 선생님의 학은을 입은 제자들 그리고 후배 선생님들, 책과 여러 강연을 통해 선생님 가르침을 접하셨던 종로구민 여러분들께서도 함께 자리하고 계실 겁니다. 이렇게 많은 분이 참석해 주신 이유는, 선생님의 인품과 그리고 학문이 주변에 큰 귀감이 되기 때문이 아닐까 생각합니다.

오늘 선생님께서는 '고전과 생명'이라는 주제로 강연을 해주실 예정입니다. 여러모로 불안한 시대를 살아가고 있는 우리에게 고전 속에 담긴 생명관을 어떻게 풀어주실지 기대가 됩니다. 이 강연을 통해서 또 동아시아미래가치연구소가 나아가야 할 방향 그리고 힌트도 얻을 수 있을 것 같습니다.

지산 선생님의 강연을 청해 듣기 전에 오늘 이 강연을 주최하고 자리를 마련해 주신 동아시아학술원 김경호 원장님의 간단한 인사 말씀이 있겠습니다.

🎓 김경호 교수님

사실 오늘 제가 인사 말씀을 올리는 것은 순서에 없던 일입니다. 이럴 줄 알았으면 옷을 제대로 갖춰 입고 나올 걸 그랬습니다. 예상치 못하게 불려 당황스럽기는 합니다만, 몇 말씀 올리겠습니다.

동아시아학술원에서는 생명을 주제로 각 분야의 명망 있는 선생님 네 분을 모시고 강좌를 준비했습니다. 1강은 자연과학, 특히 공학 분야에서 다루는 AI와 생명에 관한 주제로 최재붕 선생님의 강연이 진행되었고 2강은 생명을 정치적인 입장에서 다룬 윤비 선생님의 강의가 진행되었습니다. 그리고 3강은 일본의 스즈키 사다미 선생님을 모시고 문학에서 어떻게 생명을 인식을 하고 있는지 강의가 진행되었습니다.

그리고 오늘, 이 시간에는 생명에 있어서 가장 본원적이고도 출발이 되는 '동아시아의 고전에서 생명에 관한 이야기'를 듣게 될 것입니다. 송재소 선생님의 깊은 학문적 연구를 바탕으로 한 강의가 분명 더 많은 분들께 쉽고도 깊게 전달되리라는 확신이 듭니다. 저 역시 오늘은 한

명의 청중으로 그저 편하게 선생님 강의를 들어야겠다는 다짐으로 왔는데, 갑자기 인사말을 요청받아 굉장히 송구스러울 뿐입니다.

우리 동아시아학술원 동아시아미래가치연구소에서는 이러한 생명 관련 강연들을 지속적으로 준비할 예정임을 말씀드립니다. 예측 불가할 정도로 주변 모든 환경이 급격히 변화하는 이 시대에, 과연 인문학이 어떠한 중심을 잡고 어떠한 방향으로 나아갈 수 있을 것인지, 끊임없이 함께 고민하고 방법을 모색할 예정입니다. 이에 대해서 자리에 계신 모든 분들께서 기탄없는 제언을 주신다면, 저희는 겸허하게 받들어 연구의 동력으로 삼고자 합니다. 제가 길게 이야기하는 것보다는 선생님을 모시고 조속히 강의를 듣는 것이 훨씬 더 유익한 시간이 되리라 생각합니다. 감사합니다.

고전과 생명

1. 들어가며

🎓 송재소 선생님

이렇게 강단에 나와 있으니 옛날에 강의하던 기억이 새롭습니다. 생명에 관해서 저는 학문적으로 별달리 생각해 본 적도 없고, 전연 문외한인데 동아시아미래가치연구소 박이진 교수와 그 후배 김영죽 연구원 두 사람이 '음모'를 꾸미며 나를 이 자리로 불러낸 것 같습니다. 그래서인지 오늘 청중의 대부분이 한문학과 졸업생들인 것 같군요. 해서, 우선 최근에 내가 앓았던 병에 대해 여러분이 궁금하실 듯하여 잠시 말씀드리겠습니다. 어차피 이 역시 생명에 관한 것이니까요.

작년 가을 무렵 목에 이상이 생겨 제 처조카가 운영하는 이비인후과에 가게 되었습니다. 의사인 그가 의뢰서를 써주면서 당장 큰 병원으로 가라고 하기에, 서울대학병원 이비인후과에 갔더니 암이라는 진단을 받았습니다. 병명은 하인두암이었지요. 사진을 보니 정말 요만한 암 덩어리가 보였고, 겉으로도 만져지는 형편이었습니다.

의사는 당장 수술을 해야 한다며 강권했고, 수술하지 않는다면 앞으로 살날이 9개월 남짓이라고 했습니다. 그나마 수술을 전제했을 경우였지요. 그 수술은 성대 절제를 포함하기에 8~9시간이 소요되는 그야말로 대수술이라고 했습니다. 그래서 '난 수술을 하지 않겠다'라고 했지요. 긴 시간 동안 마취를 한다면 깨어날 것 같지도 않고, 수술을 끝내더라도 기껏 2~3년 더 생명을 연장할 것인데, 저는 오래 살고 싶지도 않고 이미 여든 넘어 산 사람이니, 그냥 수술하지 않겠다고 한 겁니다. 하지만 의사가 자꾸 수술을 권합니다. 이 수술을 되게 하고 싶어 했어요. 물론, 수술을 하고 싶어 하는 데는 여러 가지 이유가 있겠죠. 그럼에도 저는 완강하게 수술을 거부하고 의사는 계속해서 수술을 권했습니다. 노인들이란 대부분 죽을 때 잠자듯 며칠 앓다가 죽는 게 로망인데, 저의 경우에는 수술하지 않으면 시간이 갈수록 고통스러워서 마지막엔 병원에서도 어쩔 도리가 없을 만큼 아주 고통스럽게 죽는다고 하더군요. 그래도 '난 하지 않겠다'라는 입장을 굽히지 않았습니다. 흔히, 암 환자가 할 수 있는 세 가지 선택지란 수술과 항암치료, 방사선 치료일 겁니다. 수술은 안 하겠다고 했고 항암치료도 나이 여든 넘은 노인이 하기엔 부작용이 심하다고 했습니다. 의사는 제게 항암치료를 할 생각이 있냐고 물으면서, 항암치료를 하다가 견디지 못하고 죽는 경우가 있다고도 합니다. 저는 항암치료 역시 할 생각이 없다고 했지요. 이 부분은 의사 역시 동의했습니다. 그렇다면, 남은 건 방사선 치료밖에 없었습니다.

저는 총 30회의 방사선을 조사(照射)하는 것으로 결정하고, 매일 병원으로 통원 치료를 다녔습니다. 치료를 거듭하다 보니, 목 부위에 화상을 입어 진물이 나기 시작했습니다. 진물이 나던 곳에 딱지가 생기더니 마치 악어 껍질처럼 스스로 보기에도 아주 징그럽더군요. 그런 식으로 30회를 마치고 나서 사진을 찍었더니 육안으로 보이는 암덩어리는 없어진 상태였습니다. 그런데 한 달쯤 후에 다시 사진을 찍으니 다른 쪽에 전이가 됐다고 해요. 방사선 치료는 더이상 할 수 없기 때문에 이번에는 수술로 긁어내야 한답니다. 2~3시간이면 끝나는 간단한 수술이라 하기에 지난 5월에 수술을 했습니다. 그리고 오늘에 이르렀는데, 앞으로 5년 동안 재발하지 않으면 암이라는 게 완치됐다는 거죠.

수술한 지 얼마 안 됐으니, 금방 재발은 안 되겠지만 앞으로 언젠가는 재발되리라고 생각합니다. 이처럼 저는 죽음의 문턱까지 갔다가 왔습니다. 오늘 강의할 '생명'이라는 주제와 조금이라도 관련이 있겠다 싶어서 언급을 드렸고, 또 저의 안부를 궁금해하는 분도 있고 해서 근황을 간단히 말씀드렸습니다.

2. 생명, 삶

'생명(生命)'이라는 건 우리가 사는 '삶'입니다. 이 삶에는 인간의 삶도 있고 인간 이외 타 생명체의 삶도 있을 겁니다. 타 생명체라는 건 다시 말해, 인간을 둘러싼 자연이겠죠. 자연에서 서식하는 식물이나 동물들의 생명과 인간의 생명을 생각할 수 있습니다. 그래서 인간과 타 생명체와의 관계가 어떠한가에 대해 그냥 간단하게 말씀드리도록 하겠습니다.

'인간과 타 생명체와의 관계'라는 것은 '인간과 자연과의 관계'라고 할 수 있겠죠. 우리나라 선인들이 자연과 인간에 대해서 어떻게 생각했는가, 또 그것을 작품 속에 어떻게 구현했는가 하는 것에 대해서 두서없이 말씀드리도록 하겠습니다.

깊은 숲 속 새소리 듣기도 즐거운데
시냇가에 새로이 띠 집을 엮었다오

홀로 술잔 기울이며 달을 불러 짝하고
한 간 집에 흰 구름과 함께 깃드네

喜聞幽鳥傍林啼　新構茅簷壓小溪
獨酌只邀明月伴　一間聊共白雲棲

___ **李彦迪, 「林居十五詠, 溪亭」**

　　위의 시는 회재(晦齋) 이언적(李彦迪, 1491~1553) 선생의
시입니다. 「임거십오영(林居十五詠)」 중 '계정(溪亭)'이라는
시이지요. 회재 이언적은 퇴계(退溪) 이황(李滉, 1501~1570)
선생이 가장 존경하던 선배 중에 한 분으로 퇴계보다
10여 세 연장자입니다.
　　일종의 자연시이지요. 배경은 깊은 숲속입니다. 그리
고 새가 지저귀고 있죠. 또 시냇물이 흐르고 있으니 물소
리도 들리겠지요? 자연 속에서 홀로 술잔을 기울이며 달
을 불러 짝한다고 합니다. 원문을 보시면 세 번째 구절에

"독작지요명월반(獨酌只邀明月伴)"이라 했는데 '요(邀)'는 '초청하다'는 뜻입니다. 단순히 '달을 벗 삼아서 술을 마신다'가 아니라, 달을 '불러들인다', 즉 달을 '초청하는' 거지요. 시인이 달을 초청해서 그 달과 짝한다! 더 적극적으로 달하고 가까워지는 거죠. 또 마지막 구절에 "일간요공백운서(一間聊共白雲棲)"라 하였는데, 이를 직역하면 '한 칸 집에 흰 구름과 함께 깃든다'입니다. '구름을 바라보면서 구름을 즐긴다'는 것이 아니고 '흰 구름과 함께 깃들어 산다, 띳집, 초가집에 흰 구름과 함께 깃들어 산다'는 의미에요. 이건 자연과 아주 밀접한 관계죠. 사람이 자연의 일부인 것처럼 묘사된 겁니다. 회재의 자연시는 대개 이런 작품이 많습니다. 이것이 어떤 의미를 가지는가 하는 건 조금 이따가 다시 말씀드리도록 하겠습니다.

3. 자연 속에 묻혀, 자연과 더불어

다음은 퇴계 선생의 편지글 중 하나입니다.

若非林泉魚鳥之樂 殆難度日 每思如公輩 長在城中
不知有此樂 其何以消遣耶

『退溪集』권13, 「答鄭靜而」

위의 내용은 퇴계가 제자 정정이(鄭靜而)에게 보낸 편지 중 일부입니다. 정정이는 정지운(鄭之雲, 1509~1561)으로 퇴계에게 『역학계몽(易學啓蒙)』, 『심경(心經)』 등을 배웠던 제자였지요. 퇴계가 벼슬을 버리고 도산 서원을 축조하던 그 당시에 썼던 편지로 추정됩니다.

"만일 숲과 샘에서 노닐고 물고기와 새를 보는 즐

거움이 없었더라면 세월을 보내기 어려웠을 것입
니다. 그래서 당신 같은 사람들은 늘 도성 안에 살
면서 이런 즐거움을 모르고서 어떻게 울적한 마
음을 달래는가 매양 생각한답니다."

자, 이건 완전히 자연 속에 파묻힌 생활이죠. 숲속의
샘에서 물고기며 새와 더불어 살아가는 삶입니다. 이들은
성리학자입니다. 회재나 퇴계와 같은 성리학자들이 자연
에 대해 취한 태도가 어떠한 함의를 지니는가 하는 것은
조금 이따가 다시 말씀드리겠습니다. 자연 속에 묻혀, 자
연과 더불어서, 자연의 일부가 되어 살아가는 성리학자들
의 모습! 이제 역사적으로 인간과 자연과의 관계가 어떠
했는가를 한번 살펴보도록 하겠습니다.

4. 인간과 자연의 관계

대개 인간과 자연과의 관계는 두 가지로 나눌 수 있는데
하나는 이분법적인 자연관, 다른 하나는 연속적인 자연관
입니다.

이분법적 자연관(서양의 자연관)

인간과 자연을 이분법적으로 파악

- 자연을 객관화, 대상화
- 자연을 관찰함으로써 자연의 법칙을 발견
- 이 법칙을 이용해서 자연을 개조, 정복
- 자연을 소비 목적이나 생산 수단으로 파악
- 인간 생활을 풍요롭게 하다
- 자연과학의 발달
- 인간의 역사는 자연 정복의 역사
- 인간 중심주의

서양의 자연관은 대개 이분법적 자연관입니다. 인간과 자연을 이분법적으로 파악하여 '인간은 인간이고 자연은 자연이다'라며 자연을 객관화하고 대상화합니다. 멀찌감치 떨어뜨려 놓고 보는 거지요. 그래서 자연을 연구합니다. 자연이 어떤 법칙에 따라서 생성, 발전하고 있는 것인가 연구 관찰함으로써 자연의 법칙을 발견하려고 하는 건 서양의 자연관입니다.

　　그런데 법칙을 발견하고 난 뒤에는 이 법칙을 이용하여 자연을 개조하고 정복해 나갑니다. 광물이나 식물을 채취하는 따위의 행위가 포함되지요. 말하자면 자연을 인간의 소비 목적이나 생산 수단으로 파악하고 있는 겁니다. 자연을 개조하고 정복함으로써 인간 생활을 풍요롭게 하며, 이로 인해 옛날보다 훨씬 더 생활이 풍족하게 되는 거죠. 또 자연을 객관화시켜서 대상화한 뒤, 관찰하고 연구하기 때문에 자연과학이 발달하기 마련입니다. 이렇게 '인간의 역사는 자연 정복의 역사다', '위대한 역사다'라고 얘기할 수 있는 것이죠. 인간에게 험난한 재앙을 줄 수도 있는 자연, 그 자연의 법칙을 잘 알아서 자연을 정복해 나가는 게 바로 인간이다! 라면서요. 말하자면 인간과 자연의 관계에서 이분법적인 자연관에 따르면 인간 중심적으로 생각하고 인간의 이익을 위해 자연을 개조하고 자연을 정복하는 겁니다. 인간의 이익을 위한다는 건 곧 인간 생활을 더 풍요롭게 하기 위한 것이죠. 이것이 통념으로서의 서양의 자연관입니다.

연속적 자연관(동양의 자연관)

인간과 자연을 연속된 것으로 파악

- 인간도 자연의 일부다.
- 인간 사회의 법칙과 자연의 법칙은 하나의 일관된 원리에 의해 통일되어 있다.
- 천리(天理)
- 자연의 법칙을 발견하기보다 자연과 인간을 공(共)히 설명할 수 있는 큰 법칙, 우주의 법칙을 발견해서 인간은 이 법칙에 따라야 한다.

이에 비해 동양의 자연관은 인간과 자연을 이분법적으로 분리해서 보지 않고 연속된 것으로 파악합니다. '인간이 자연의 일부다', 이렇게 생각합니다. '인간 사회의 법칙과 자연의 법칙은 하나의 일관된 원리에 의해서 통일되어 있다'라고 생각하는 거지요. 이 일관된 원리가 바로 성리학에서 말하는 천리(天理)라는 겁니다. 성리학자들이 '자연과 인간을 공(共)히 설명할 수 있는 큰 법칙이 뭐가 있나?'라는 고민에서 발견한 것이 바로 '천리'라는 거죠. 천리라는 큰 법칙 또는 우주의 법칙을 발견해서 '인간은 이 법칙에 따라야 한다'라고 생각합니다. 즉, '천리에 순응해야 된다'고 하는 것이 동양적 자연관 중에서도 성리학자들이 생각하는 자연입니다.

5. 자연의 파괴

자연의 개조, 정복이 진행될수록 자연의 생태계가
파괴

- 산업화에 따른 난개발로 가뭄, 홍수 등의 기후
  변화, 서식지 파괴, 오염, 농업방식의 변화
- 빙하, 플라스틱
- 유전자 조작
- 생물 다양성 파괴
- 생물종의 멸종
- 생태계의 균형이 깨지고 생태계의 안정성과 복
  원력 상실
- 지구상의 생물체는 수억 년의 진화 과정을 거
  쳐 오늘에 이르렀다.
- 자연은 그대로 두면 가장 건강하다.

서양의 자연관은 대체로 이분법적인 자연관이라 자연을 개조하고 정복하는 일이 계속되었기 때문에 자연이, 생태계가 파괴됩니다. 특히 산업화에 따른 난개발 등으로 가뭄이나 홍수 같은 기후 변화, 서식지의 파괴나 오염이 가속되었지요. 또 이로 인해 농업 방식도 변화했습니다. 북극의 빙하가 녹고 있으며 플라스틱이 자연환경은 물론이요, 인체에도 얼마나 유해한지 우리는 신문을 비롯한 다양한 매체를 통해 빈번히 접합니다. 또 유전자 조작으로 더 우량한 품종을 생산하려고 하고, 이 과정 속에서 생물의 다양성이 파괴되는 사실을 목도합니다. 우수 품종을 생산하기 위해서 유전자를 조작한다면, 결국 인간이 조작한 우수 품종만 남게 될 뿐, 생물 종의 다양성이 줄거나 파괴될 수밖에 없지요. 이로 인해 멸종되는 종류가 많아지고 이러한 결과가 누적되면 생태계 균형이 깨져 생태계의 본연의 안정성과 복원력이 상실됩니다. 지구는 수억 년의 진화 과정을 거쳐서 오늘에 이르렀기 때문에 자연은 그대로 두는 것이 가장 건강한 상태일 겁니다. 자연은 자체적으로 정화하고 복원할 수 있는 힘을 갖고 있는데, 왜 자꾸 인간이 개조하고 정복하려 할까요. 이처럼 인간이 인공적인 힘을 가하기 때문에 지금 우리는 자연이 파괴되는 큰 위기에 처해 있습니다.

6. 생태중심주의(Ecocentrism)

알도 레오폴드(Aldo Leopold, 1887~1948)

아른 네스(Arne Naess, 1912~2009)

인간도 자연의 일부

- 자연과 인간의 평등한 관계
- 인간 중심주의에서 벗어나야 자연은 인간의 필요를 위한 자원이 아니다.
- 인간이 자연을 지배해서는 안 된다.
- 자연과 인간은 상호 의존적 관계

레오폴드의 대지 윤리(Land Ethics)

무생물을 포함한 자연은 도덕적 존재이기 때문에 그 자체로 존중되어야 한다.

- 지구상의 모든 것은 도덕 공동체이다.

이러한 위기를 극복하기 위해서 특히 20세기에는 여러 가지 이론들이 제기됩니다. 그중 하나가 '에코센트리즘(Ecocentrism)'으로 알려진 '생태중심주의'로서, 알도 레오폴드(Aldo Leopold, 1887~1948)와 아른 네스(Arne Naess, 1912~2009) 등이 주도한 학설입니다. '인간도 자연의 일부다'라 하여 전통적인 서양의 이분법적인 관점을 벗어났다고 할 수 있지요. 인간과 자연을 구분해서 보지 않고 인간도 자연의 일부라고 생각하는 겁니다. 이를테면, '자연과 인간은 평등한 관계다'라거나 '인간이 더 우월한 건 아니다'라는 자각 하에 '인간의 이익을 위해서 자연을 개발하고 정복하는 인간 중심주의에서 벗어나야 된다'는 것이 생태중심주의 골자인 셈이지요. 자연은 인간의 필요를 위한 자원이 아니므로, 인간이 자연을 지배해서는 안 된다라는 주장입니다.

다시 말해, 자연과 인간은 상호 의존적인 관계라는 말과도 통합니다. 이 생태중심주의에서 레오폴드가 주장하는 것으로 '대지 윤리(Land Ethics)'라는 게 있습니다. 이른바 대지 윤리는 무생물도 포함한 자연 생물 전체를 대상으로 합니다. '자연은 도덕적 존재이기 때문에 그 자체로 존중되어야 한다, 그래서 지구상의 모든 것은 도덕공동체다!' 이렇게까지 주장합니다. 그러니까 '생물이든 무생물이든 모든 것이 도덕공동체다'라는 건데, 이건 말하자면 어떤 원시시대 애니미즘하고 비슷한 얘기라고 볼 수 있죠. 원시시대엔 '모든 물건엔 다 영혼이 있다.', '모든 물건은 영혼이 있기에 다 숭배의 대상이 된다'라고 생각했는데, 이와 비슷하게 되는 겁니다. 워낙 산업화에 따른 환경 파괴가 심하기 때문에 이런 생각에까지 이른 것입니다.

7. 생명 중심주의(Biocentrism)

알베르트 슈바이처(Albert Schweitzer, 1875~1965)
폴 테일러(Paul Taylor, 1923~2015)

- 모든 생명체는 고유의 가치를 지닌다.
- 모든 생명체는 도덕적으로 평등하다.
- 인간이 더 우월하지 않기 때문에 인간은 모든 생명체를 존중하고 해치지 말아야
- 생태계를 조작, 통제하지 말아야

이번에는 생명 중심주의, 즉 '바이오센트리즘'이라는 이론을 잠시 살펴보겠습니다. 우리에게 익숙한 슈바이처와 폴 테일러 등이 주장한 설로, 모든 생명체는 고유의 가치를 지니고 있다는 데에서 출발합니다. 여기서 '무생물'은 일단 제외가 되는 것 같습니다. 모든 생명체는 나름 고유의 가치를 지니기 때문에 그 모든 생명체는 이 도덕적으

로 평등하다는 거지요. 따라서, '생명 공동체'를 주장합니다. '인간이 특별히 더 우월하지 않기 때문에 인간은 모든 생명체를 존중하고 해치지 말아야 한다. 생태계를 조작한다거나 통제하지 말아야 한다'라고 합니다. 이건 마치 불교에서 '살생'을 하지 말아야 한다는 이론과 비슷합니다.

불교에서는 '오계(五戒)'라는 게 있습니다. '오계'란 불가에서 행하는 다섯 가지 경계로, 생물을 죽이지 말고[不殺生], 훔치지 말고[不偸盜], 사음하지 말고[不邪淫], 말을 함부로 하지 말고[不妄語], 술을 마시지 말 것[不飮酒]을 말합니다. '모든 생명체를 존중해야 된다'는 생명 중심주의 역시 오계나 대지 윤리와 마찬가지로 일종의 종교적인 분위기가 진하게 풍기죠. 전통적인 서양의 인간 중심주의, 인간의 이익을 위해서라면 무자비하게 자연을 파괴해도 좋고 자연을 정복해 나가는 것이 인간이 할 수 있는 일이다라는 생각에서 멀리 떨어져 벗어나 있습니다.

8. 자연과 밀착되다

동양, 특히 우리나라 성리학자들은 서양의 생명 중심주의
나 생태중심주의 이론이 나오기 훨씬 이전부터 자연과 친
화적인 태도를 지녔습니다. 우선, 시 한 수를 감상해 보겠
습니다.

들판엔 시냇물 끝없이 흘러가고
깊은 새 사람 향해 다정하게 지저귀네

한가히 읊으며 한가히 거닐다가 한가히 앉노라니
십리 길 강 머리에 해가 기우네

野水潺潺流不盡　幽禽款曲向人啼
閑吟閑步仍閑坐　十里江郊日欲西

___ 이언적, 「초하야흥(初夏野興)」

앞에서 잠시 언급했습니다만, 위의 작품 역시 회재 이언적의 시입니다.

들판이 펼쳐져 있고 시냇물은 그 위를 흘러갑니다. 깊숙하게 사는 새가 지저귀는 자연 속에 시인이 있어요. 원문의 세 번째 구절에 '한음한보잉한좌(閑吟閑步仍閑坐)'를 한번 읽어보시겠습니까? 자, '한가할 한(閑)'자가 세 번이나 등장합니다. '한음(閑吟)', 한가히 시를 읊고 또 '한보(閑步)', 한가히 걷고, 또 '잉한좌(仍閑坐)', 이어서 한가하게 앉는다! 어떻게 보면 이 들판의 시냇물, 깊숙이 사는 새 그리고 서산으로 넘어가는 태양 그리고 시인, 이 모두 다 똑같은 비중을 가진 자연의 일부처럼 묘사되어 있습니다. 시냇물과 새와 태양을 배경으로 시인이 등장하는 것이 아니라, 시인도 자연의 일부로 묘사되어 있음을 알 수 있지요. 그래서 '한가할 한(閑)'자를 세 번이나 쓴 겁니다. 인위적인 의사가 전혀 없어요. 되는 대로 한가하게 읊다가 한가하게 걷다가, 그냥 한가하게 앉아 있는 것이 이 자연의 움직임과 시인의 움직임이 만나는 지점입니다. 결코, 시인은 자연을 배경으로 나타난 등장인물이 아닙니다. 이미 자연의

일부가 되어 있어요. 그만큼 자연과 밀착되어 있다는 뜻이
겠지요.

9. 물아일체(物我一體)

대(臺)위의 손들은 돌아가길 잊었는데
바윗가 저 달은 몇 번이나 둥글었나

깊은 시내 고기들 거울 속에 노니는 듯
저문 산, 안개 속에 새들은 희미하네

물(物)아(我)가 흔연히 한 몸이 되었으니
나아가나 물러나나 하늘을 즐길 뿐

거니는 가운데 유흥(幽興)을 부치니
내 마음 저절로 유연해지네

臺上客忘返　巖邊月幾圓
澗深魚戲鏡　山暝鳥迷煙

物我渾同體　行藏只樂天

逍遙寄幽興　心境自悠然

_____ 이언적, 「등심대즉경(澄心臺卽景)」

이번 시도 역시 회재의 시입니다.

시의 제3연을 보면 '물아가 혼연히 한 몸이 되었다.[物我渾同體]'라고 합니다. 이것이 바로 '물아일체'며, 여기서 '물(物)'이란 바로 자연입니다. '나는 인간이고 자연과 내가 일체가 되었다. 그래서 흥이 일어난다'는 거지요. '나와 자연이 일치가 된다'는 것은 '내가, 인간이 이 자연의 법칙에 순응한다, 천리에 순응한다'라는 말과 같습니다. 다른 말로 바꾸면 '천인합일(天人合一)'의 경지로 '하늘과 사람이 일치가 된다'는 뜻이지요. 성리학에서는 천인합일의 경지에 이른 사람을 성인(聖人)이라고 합니다. 지극하게 자연과 한 몸이 된 겁니다. 제2연에서 '깊은 시내 고기들 거울 속에 노니는 듯 저문 산 안개 속에 새들은 희미하네'라고 하였지요? 시구에 물고기와 새가 등장하는데요, 이건 그냥 평범한 물고기와 새가 아니라 성리학자들이 말하는 천리가 구현된 존재들입니다. 다음 장에서도 이와 관련한 설명이 이어집니다.

10. 솔개는 날고 물고기는 뛰논다

다음은 『시경(詩經)』「대아(大雅)」 '한록(旱麓)' 편에 나오는 구절입니다.

鳶飛戾天　魚躍于淵
豈弟君子　遐不作人

_____ 『시경』「大雅」〈旱麓〉

　　『시경』「대아」 '한록편'에는 성리학의 슬로건이라 할 수 있는 '연비여천(鳶飛戾天) 어약우연(魚躍于淵)'이라는 구절이 있습니다. '연(鳶)'은 '솔개'입니다. '려(戾)'는 '~에 이르다'이지요. '연비여천'을 직역하면 '솔개는 날아서 하늘에 이르다'입니다. 그렇다면 물고기는 어떨까요? '어약우연', 즉 '물고기는 연못에서 뛴다'라고 합니다. '약(躍)'은 '뛰다'이고 '연(淵)'은 연못이지요. 이 시는 주자(朱子)의 재해석을

거친 이래로 성리학자들의 슬로건이 된 겁니다. '왜 솔개는 하늘에서만 나는가?' '왜 물고기는 연못에서만 뛰는가', '왜 물고기는 하늘을 날 수 없는가?' '왜 솔개는 물속에서 헤엄칠 수 없는가?' '천리가 그렇기 때문이다.' 자연의 현상 앞에서 시인이 깨달은 것은 '이는 천리요, 천리는 곧 우주의 법칙이다'였습니다. 따라서 인간도 이 법칙에 따라야 된다는 거예요. 인간 사회의 법칙에 천리를 대입해 보면, 자식이 부모에게 효도해야 하고, 신하가 임금에게 충성해야 하는 일과 통합니다. 만약 자식이 부모에게 효도하지 않으면 이는 물고기가 하늘을 나는 것과 같습니다. 신하가 임금에게 충성하지 않으면 솔개가 물속에서 헤엄치는 것과 다름없어요. 이 모두 있을 수가 없는 일입니다. 그러니 신하는 임금에게 반드시 충성해야 되고, 자식은 부모에게 반드시 효도해야 됩니다. 이것이 자연의 법칙과 인간 사회의 법칙을 동일시하는 성리학자들의 세계관이라고 할 수 있습니다.

퇴계 선생은 다소 다른 버전으로 설명하는데요, 물에 떠가는 배와 수레에 비유했습니다. '왜 수레는 물속을 배처럼 떠다닐 수가 없는가?' '배는 왜 육지에서 운행할 수가 없는가'와 마찬가지입니다. 배가 땅에서 운행된다면, 그건 마치 자식이 부모에게 불효하는 것과 마찬가지입니다. 배가 물속에서만 다니고, 수레가 육지에서만 다닐 수 있듯이 자식도 부모에게 효도해야 하고, 신하도 임금에게 충성해야만 한다!

성리학자들은 자연으로 들어가 자연의 운행을 봅니다. 봄이 되면 꽃이 피고, 여름이면 나뭇잎과 가지가 무성하며 가을이면 단풍이 들고 겨울이 되면 눈이 오는 자연의 계절 변화를 체감하면서, '아, 우리 인간도 자연의 저 엄격한 원리를 배워야겠다' 이렇게 생각합니다. 특히 『시경』에 나와 있는 '연비여천 어약우연' 이 구절을 떠올리면서 새와 물고기를 보고 '어째서 물고기는 하늘을 날 수 없을까?' 고민하다가 문득 깨닫습니다. '아하! 그렇듯이 자식도 부모에게 효도해야 하는구나. 자연의 원리와 인간 사회의 원리가 결국 같구나!' 이런 생각을 하는 거지요.

11. 산림의 즐거움

다음은 퇴계의 글입니다.

嗚呼 余之不幸晚生遐裔 樸陋無聞 而顧於山林之間
夙知有可樂也 中年妄出世路 風埃顚倒 逆旅推遷
幾不及自返而死也 其後年益老 病益深 行益躓 則
世不我棄 而我不得不棄於世 乃始脫身樊籠 投分農
畝 而向之所謂山林之樂者 不期而當我之前矣 然則
余乃今所以消積病豁幽憂 而晏然於窮老之域者 舍
是將何求矣

___『퇴계집(退溪集)』권3, 「도산잡영(陶山雜詠) 기(記)」

퇴계 선생이 도산(陶山)에 도산 서당을 짓고 나서 「도
산잡영」이라는 시도 쓰고 그 기(記)도 작성을 하였는데, 위
의 작품은 그중에 한 구절입니다. 번역문을 다시 한번 읽

어봅시다.

"아! 나는 불행하게도 늦게 먼 지방에서 태어나 순박하고 고루한 나머지 들은 것이 없지만 산과 숲 사이에 즐길 만한 것이 있음을 일찍이 알았다. 그런데 중년에 망령되이 세상에 나아가 풍진에 시달리고 객관(客館)을 전전하다가 하마터면 미처 돌아오지 못하고 죽을 뻔하였다. 그 후 나이 들어 늙을수록 병은 더욱 깊어지고 행동 또한 차질이 생겨, 세상은 나를 버리지 않았어도 나는 세상을 버리지 않을 수 없었다. 이에 마침내 울타리와 새 장을 벗어나 농사터에 몸을 던지니 지난날에 말 한 산림지락(山林之樂)이 기약하지 않고도 내 앞에 당해왔다. 그러니 내 이제 묵은 병을 없애고 깊은 근심을 풀고 늘그막에 편안히 쉴 곳으로 이곳을 버린다면 장차 어디에서 구하겠는가?"

퇴계가 고향으로 돌아가고 싶었던 이유는 고향의 자연 속에서 자연과 더불어 살고 싶었기 때문일 겁니다. 위의 글을 보면 완전히 도산의 자연 속에 파묻혔음을 알 수 있지요. 그렇다면 그는 왜 그토록 자연을 사랑하고 자연과 더불어 살기를 바란 것일까요? '산림지락' 즉, '산림의 즐거움'에 그 답이 있습니다. 그는 오래전부터 산림의 즐거움을 알고 있었지만, 바쁜 관직 생활 탓에, 산림을 떠나 있다가 만년에야 다시 도산에서 즐거움을 누릴 수 있게 되었다고 토로합니다. 자연은 그 자체로 아름다워 심신을 평안하게 해 주는 휴식공간이긴 합니다만, 퇴계에게 자연은 그저 단순한 심미적 대상이나 휴식공간 이상의 의미를 지닙니다.

12. 거역할 수 없는 자연의 이법

자, 퇴계 선생의 시를 하나 더 읽어보겠습니다. 퇴계시에는 자연을 소재로 한 작품이 무척 많습니다. 특히 자연 현상을 보고 천리를 깨달았을 때의 기쁨을 표현한 시가 주류를 이루죠. 다음의 시도 그중 하나입니다.

일천 가지 버들을 푸르게 물들이고
일만 개 꽃송이를 붉게 태우네

씩씩하고 굳세도다, 산 꿩의 성질
사치하고 화려하네, 들사람 사는 집

綠染千條柳　紅燃萬朶花
雄豪山雉性　奢麗野人家

　　　　　__ 李滉, 「春日閑居 次老杜六絕句」 중 제6수

봄이 되어 일천 가지 버들을 푸르게 물들고 봄이 일만 개의 꽃송이를 붉게 태우는 것은 불가역의 자연의 이치입니다. 산 꿩이 씩씩하고 굳센 것도 마찬가지이겠지요. 그 자연 속에 퇴계 집이 있습니다. 퇴계는 자기가 사는 집을 '사치하고 화려하네, 들 사람 사는 집'이라고 묘사하지요. '들 사람이 사는 집'은 분명 퇴계의 집일텐데, 그 집이 사치하고 화려할 리가 없습니다. 그런데 '사치하고 화려하다'고 했습니다. 이건 푸르게 물든 버들, 붉게 타는 꽃송이로 둘러싸여 있는 집이기 때문이겠지요. 자연 속에서 자연과 더불어 사는 삶을 이렇게 미화한 겁니다.

　　이뿐만이 아닙니다. 퇴계 매화시도 이 연장선에 있어요. 여러분들 다 잘 아시다시피 퇴계는 매화를 자연물 중에서 유별나게 좋아했습니다. 72제 107수의 많은 매화시를 남겨 매화시 시첩이 따로 발간되기도 하고 그렇죠. 퇴계는 매화를 너무 좋아해서 매화를 매군(梅君)이라고 부르기도 하고 매형(梅兄)이라고 부르기도 하고 매선(梅仙)이라고 부르기도 하죠.

　　또 이런 일화도 전합니다. 퇴계가 임종하기 전에 방

안에 있는 분재 화분에 심겨 있던 매화를 밖에 내놓으라
며 옆사람에게 부탁을 합니다. '죽을 때가 다 되어서 설사
를 하면 분명 냄새가 날 터이고, 매형이 냄새를 맡으면 싫
어할 것이다. 그러니 이 화분을 문밖에 내 가거라.' 이렇게
까지 당부할 만큼 매화와는 인간적인 교감을 했다고 합니
다. 단순히 매화만을 좋아했다기보다 자연을 좋아한 하나
의 방법이라 할 수 있습니다. 퇴계는 매화하고 대화도 했
어요. 특히 중차대한 결심을 할 때, 이를테면 정치적으로
진퇴(進退)를 결정할 기로에 서 있을 때는 반드시 매화한테
물어봅니다. '내가 어떻게 해야 되느냐'라고요. 그러면 매
화가 답을 하는 겁니다. 물론, 이것은 모두 퇴계의 자문자
답이죠.

13. 매화와 문답하다

고마워라 매선(梅仙)이 쓸쓸한 나를 짝해주니

소쇄한 객창에 꿈속 혼이 향기롭다

동으로 돌아갈 때 그대와 함께 못 가 한스러우니

서울이라 속진 속에서 부디 고움 간직하시게

頓荷梅仙伴我凉　客窓蕭灑夢魂香

東歸恨未攜君去　京洛塵中好艶藏

―「한성우사 분매증답(漢城寓舍 盆梅贈答)」

위의 시 역시 매화와의 문답 시입니다. 퇴계가 69세 때, 즉 퇴계가 작고하기 1년 전의 작품이지요. 그가 번번 이 관직을 사퇴하고 도산으로 돌아가 있으면 임금이 자꾸 한양으로 불러올립니다. 임금이 부르니 퇴계는 일단 서울로 가지만, 다시 사직소(辭職疏)를 올리고 고향으로 돌아오지요. 그러다가 또 불려 나가고 다시 사직소 쓴 후 돌아가기를 8번이나 반복을 하죠. 68세에 마지막으로 임금은 또 그를 부릅니다. 퇴계는 하는 수 없이 서울에 가서 얼마 동안 벼슬을 합니다. 잠깐 동안 벼슬을 하다가 그마저 또 그만두고 이제 고향으로 돌아가는데, 서울집 방 안에서 분매 화분에 심어두고 기르던 매화를 가지고 갈 수가 없었습니다. 그는 매화를 두고 떠나며 매화에게 말하는 식으로 시를 썼던 겁니다. '고마워라. 매선이 쓸쓸한 나를 짝해주니'라고 하였는데, 이는 '그동안 쓸쓸하게 지내는 나하고 벗을 해주어서 고마웠다'라는 뜻이겠지요. 또 '동으로 돌아간다'는 말은 곧 고향 안동으로 내려간다는 말이에요. 동으로 돌아갈 때 매선, 그대와 함께 못 가서 한스럽다는 건 매화 화분을 두고 가야 하기 때문이지요. 그러니 '서울이라 속진 속에서 부디 고움 간직하시게'라며 매화에게 당부를 합니다. 여기까지는 퇴계가 매화에게 한 말이에요. 다음은 매화가 답을 합니다.

도선(陶仙)도 우리처럼 쓸쓸하다고 하니
공이 돌아오길 기다렸다 천향(天香)을 풍기리라

공에게 원하노니 마주하거나 그리워할 때
옥설의 맑고 참됨을 모두 잘 간직하시오

聞說陶仙我輩凉　待公歸去發天香
願公相對想思處　玉雪淸眞共善藏

──「분매답(盆梅答)」

매화의 대답에서 '도선도 우리처럼 쓸쓸하다'고 했는데 도선(陶仙)이란 '도산(陶山)의 신선'이고 이는 곧 퇴계를 지칭하는 거죠. 매화가 말합니다.

"도선도 우리처럼 쓸쓸하다고 하니 공이 돌아오길 기다렸다 천향을 풍기리라 다시 돌아오시오. 그때 내가 아주 진한 향기를 풍기겠습니다. 공에게 원하노니 마주하거나 그리워할 때 옥설의 맑고 참됨을 모두 잘 간직하시오."

이렇게 이 매화와 문답을 한 퇴계는 국화와 문답하는 시를 짓기도 합니다. 물론 매화를 소재로 한 시만큼 작품 수가 많진 않습니다. 이렇듯 매화 시편이 많은 이유는 그가 모든 자연물 중에서 매화를 특히 좋아했기 때문일 뿐 아니라, 자연과 그만큼 가까이 지냈다는 걸 나타내는 겁니다.

듣자하니 계당 앞의 조그마한 매화나무
섣달 전에 꽃망울 터져 가지 가득 피었다 하네

향기 남겨 계옹(溪翁)이 갈 때까지 기다려야 할 것이니
봄추위로 얼굴에 이른 상처 입지 말아다오

聞說溪堂小梅樹　臘前蓓蕾滿枝間
留芳可待溪翁去　莫被春寒早損顏

___「기사 정월(己巳正月) 문계당소매소식(聞溪堂小梅消息
　　서회書懷) 2수」

위의 시도 마찬가지입니다. 퇴계가 매화를 두고 고향으로 돌아가면서 쓴 시이지요. 이 작품은 69세, 서울에 있을 때 고향의 매화를 생각하면서 쓴 것입니다. 시에 등장하는 '계당'은 훗날 다산이 거처하던 그 정자이기도 하지요. 계당 앞의 조그마한 매화나무가 있는데, 섣달 전에 꽃망울이 터져 가지 가득히 피었다고 합니다. '향기를 남겨서 계옹이 갈 때까지 기다려라' 하였으니, 여기서 '계옹'은 바로 퇴계 자신입니다. '봄 추위로 얼굴에 이른 상처 입지 말아다오.' 즉, 봄 추위가 매서우니, 매화 너의 얼굴에 상처를 입지 않도록 조심하거라~라며 이렇게 고향에 있는 매화에게 당부도 합니다. 지극한 정성을 확인할 수 있는 부분이죠.

14. 천리에 나를 맡기다

벼랑에 꽃이 피어 봄날은 고요하고
시내 숲에 새 울어라 냇물은 잔잔한데

우연히 산 뒤에서 관자(冠子), 동자(童子) 이끌고
한가로이 산 앞에 와 고반(考槃)을 물어보네

花發巖崖春寂寂　鳥鳴澗樹水潺潺
偶從山後携童冠　閒到山前問考槃

―――「步自溪上踰山至書堂」

　　이 시는 퇴계의 자연시 가운데 성리학적 결정체라고
할 수 있는 그 유명한 작품입니다. 시 번역을 천천히 음미
해 봅시다.
　　퇴계가 환갑을 갓 넘기고 나서 지은 시입니다. 후대

사람들은 이 시를 두고 '완전히 자연 속에서 자연과 일체가 되어 살아가는 천인합일의 경지를 나타내는 시'라고 평가합니다. 벼랑에 꽃이 피어 있고 꽃이 핀 봄은 아주 고요합니다. 시냇물이 흐르고 숲이 있으며 숲에는 새가 울고 있어요. 그런 자연 속에서 우연히 산 뒤에서 '관자' 즉 어른들과 '동자' 즉 아직 장가를 가지 않은 젊은이들을 이끌고 한가로이 산 앞에 와서 '고반'을 물어본다고 했습니다. '고반'은 『시경』 「위풍(衛風)」 '고반(考槃)'에서 유래하지요. "고반이 시냇가에 있으니 훌륭한 분이 태연히 거처하네. 홀로 잠을 자고 깨어 길이 잊지 않으려 맹세하네[考槃在澗, 碩人之寬. 獨寐寤言, 永矢弗諼.]"라고 하였는데, 이로부터 '고반'은 '은거하는 곳'을 상징하게 됩니다.

이 시에서 중요한 건 '우연히[偶]'와 '한가로이[閑]'이라는 시어입니다. 어떤 목적이란 것이 좀처럼 느껴지지 않지요. 우연히 산 뒤에서 이 관자와 동자들을 이끌고 또 서두를 것 없이 한가롭게 산 앞으로 와서 은거처를 물어보는 경지. 이건 완전히 천리가 유행하는, 이 우주의 법칙에 자기 자신을 맡기는 그런 자세입니다. 아주 유명한 시입니다.

15. 인간, 자연 그리고 우리의 미래

서양의 자연관은 이분법적인 사고방식에서 출발합니다. 자연은 인간과 분리된 대상으로 간주되었고, 이를 정복하고 개조하는 것이 문명의 발전으로 여겨졌습니다. 저 역시 젊은 시절에는 이러한 관점을 받아들였습니다. 인간이 자연의 법칙을 발견하며 이를 활용해 온 과정을 '위대한 진보'로 보았던 거지요. 벼락이 인간을 두렵게 했던 시절에서, 그 법칙을 밝혀 벼락으로부터 스스로를 보호하게 된 인간의 여정은 분명 경이로운 일입니다. 하지만 시간이 지나면서 제 관점은 달라졌습니다. 자연을 정복의 대상으로만 바라보는 것은 단편적인 시각이었음을 깨닫게 되더군요.

동양, 특히 성리학적 자연관은 자연을 단순한 정복의 대상이 아닌, 조화와 공존의 대상으로 보았습니다. 성리학은 자연과 인간이 서로 분리되지 않은, 하나의 연속체로서 연결된 존재임을 강조합니다. "천지간 만물 가운데 오직 인간만이 가장 귀하다[天地之間 萬物之中 唯人最貴]"라는 구절은 인간이 자연 속에서 가장 귀한 존재임을 나타내면서도, 그 책임 또한 내포하고 있습니다. 인간은 자연의 법칙과 조화를 이루며 살아가야 할 의무가 있으며, 이는 인간의 존엄성과 삶의 질을 유지하기 위한 필수적인 조건이기도 합니다.

오늘날 우리는 생태중심주의와 생명 중심주의라는 새로운 철학을 접하고 있습니다. 이 철학들은 무분별하게 파괴된 자연과 생명을 보호하겠다는 의지에서 출발했지만, 본질적으로 인간이 자연을 존중하지 못한 결과에 대한 반성으로 이루어진 것이겠지요. 예컨대 돌멩이에도 영혼이 있다고 주장하며, 벌레조차 생명체로서 살려야 한다고 외치는 생태중심주의의 사고방식은 자연의 가치에 대한 새로운 인식을 제공합니다. 하지만 이 또한 결국 인간의 이익을 위한 것이 아닌지 되돌아볼 필요가 있습니다.

성리학적 자연관은 이러한 생태중심주의보다도 더 근원적인 통찰을 제시합니다. 성리학은 인간이 자연의 일부이며, 자연과 조화를 이루며 살아가야 한다는 철학적 기반을 제공합니다. 성리학자들이 살던 시대에는 자연이 지금처럼 심각하게 파괴되지 않았기 때문에, 자연 보호에 대한 명시적인 이론은 발전하지 않았습니다. 그러나 그들의 삶과 철학에서 드러나는 자연에 대한 존중과 조화의 태도는 오늘날 우리가 직면한 문제들에 깊은 교훈을 줍니다.

지금 우리는 또 하나의 중요한 전환점에 서 있습니다. 현대의 기술, 특히 인공지능(AI)의 발전은 우리 삶에 편리함을 가져다주지만, 동시에 인간성에 대한 새로운 위협을 느끼게 하지요. AI는 단순한 기계가 아니라 인간의 능력을 확장시키는 도구로 자리 잡고 있습니다. 그러나 이러한 도구가 인간을 지배하거나 인간성을 위협하게 된다면, 우리는 인간 중심의 세계관을 다시 한번 재정립해야 할 필요가 있습니다. 과거 중세 시대에는 신(神) 중심의 세계관에서 인간 중심의 세계관으로 전환하며 휴머니즘이 탄생했습니다. 이제는 기계의 종속에서 벗어나 인간의 존엄성을 지키는 새로운 형태의 휴머니즘이 필요합니다. 이 새로운 휴머니즘은 단순히 인간의 편리함을 추구하는 것을 넘어, 인간이 자연과 기술 사이에서 중심을 잡고 존엄성을 유지할 수 있는 길을 모색하는 철학이어야 하지 않을까 해요.

결국, 우리는 인간, 자연 그리고 기술 사이에서 어떤 관계를 선택할 것인지 깊이 고민해야 합니다. "천지간 만물 가운데 오직 인간만이 가장 귀하다[天地之間 萬物之中 唯人 最貴]"라는 성리학적 통찰은 인간을 중심에 두되, 자연을 존중하고 기술을 인간성을 위협하지 않는 방향으로 활용해야 한다는 메시지를 전한다고 봅니다.

　　자연을 단순히 인간의 이익을 위한 자원으로 보는 것을 넘어, 자연 자체의 가치를 인정하고 이를 보호하는 방향으로 나아가야 합니다. 동시에 기술은 인간의 삶에 유익한 도구로 남아야 하겠지요. 또, 인간의 존엄성과 연결된 철학적 중심을 잃어서는 안 될 겁니다. 함께 고민하다 보면 방법이 생길지도 모르겠습니다. 준비해 온 내용을 빨리 진행하다 보니 제가 할 얘기는 거의 다 한 것 같습니다. 감사합니다.

Q&A

● 사회자

네, 많이 배웠습니다, 선생님. 감사드립니다. 선생님께는 아마 긴 시간이었을 겁니다. 사실 올 초만 해도 제가 선생님께 다시 강의를 청해 들을 수 있을까 선생님의 건강에 대한 염려가 컸는데요. 다시 이렇게 모시게 되어 정말 감격스럽습니다. 아마 여러분께서도 같은 마음이셨으리라 봅니다. 다시 해주신 강의가 고전, 생명, 그리고 한시 강의여서 참 좋았습니다.

　　모두에게 귀한 기회인 만큼 청중분들과 질의응답 시간을 갖고자 합니다. 강의 내용 중에 궁금하신 점이 있거나 혹은 강의에 대한 소회를 전하고 싶은 분들은 말씀해 주시기 바랍니다.

🎧 청중 1

선생님 이렇게 뵙게 되어 정말 감개무량합니다. 선생님께서 앞으로 더 건강하시기를 기원합니다. 오랜만에 선생님의 격조 있는 말씀과 그 단아한 음성을 듣다 보니 사람이 착해지는 것 같습니다. 사실 질문이라기보다는 소감을 나누고 싶어서 말씀드리는 건데요. 선생님 강연을 듣다 보니 중용에 나오는 구절 하나가 떠올랐습니다.

"오직 천하(天下)의 지극한 성(誠)이어야, 천하의 큰 법을 경륜(經綸)하며, 천하의 큰 근본을 세우며, 천지(天地)의 화육(化育)을 알 수 있으니, 어찌 달리 의지할 것이 있겠는가[唯天下至誠, 爲能經綸天下之大經, 立天下之大本, 知天地之化育, 夫焉有所倚]."

이 구절이 선생님 말씀이 전달하는 의미와 통하는 것 같다는 생각이 들었습니다. 인간 중심주의가 단순히 인간을 위한 것이 아니라, 천지의 조화를 돕고 자연과 더불어 살아가는 책임을 강조하는 인간 중심주의가 아닐까 하는 생각이 들었습니다.

최근에 들은 말 중에 '지구 정원사'라는 표현이 기억에 남습니다. 지구를 하나의 정원으로 보고, 그 안에 온갖 동물, 식물, 미생물 그리고 인간이 함께 살아간다고 여기는 관점인데요. 여기서 인간은 단순히 정원에 속한 존재일 뿐만 아니라, 그 정원을 돌보고 가꾸는 역할을 맡아야 한다는 것이죠. 자연을 그대로 두기만 하는 것이 아니라, 더 아름답고 풍요롭게 해서 인간을 포함한 모든 존재가 함께 조화롭게 살아갈 수 있도록 노력해야 한다는 의미로 이해했습니다.

선생님 강연을 들으니 이 말과 선생님의 말씀, 그리고 제가 떠올린 『중용』의 구절이 모두 하나로 연결되는 듯한 느낌이 들었습니다. 저로서는 개인적으로 아주 큰 울림과 깊은 깨달음을 얻은 시간이었습니다. 제가 이렇게 이해해도 괜찮을까요? 선생님께 여쭙고 싶습니다.

전적으로 동의합니다. 나는 미처 『중용』의 구절까지 생각하지 못했는데, 말씀 듣고 보니 정말 적확하고 옳은 얘기라고 생각됩니다.

이 주제를 더 확장해서 생각해본다면, 우리나라 유학사에서 오랫동안 논쟁이 되었던 '인물성동이론(人物性同異論)'과도 연결지어 볼 수 있을 것 같습니다. 이는 인간의 성질(인성)과 사물의 성질(물성)이 같은가, 다른가를 두고 논의한 이론입니다. 특히 연암 박지원이나 담헌 홍대용 같은 학자들은 '인성과 물성이 같다'는 입장을 취했습니다.

이 관점에서 보면 생태중심주의나 생명 중심주의가 말하는 '모든 생명체는 도덕적 가치를 지닌 존재이므로 근본적으로 존중해야 한다'는 생각과 통하는 부분이 많습니다. 연암이나 담헌은 이러한 인물성동론의 입장에서 인간과 자연, 나아가 모든 생명체를 바라본 셈입니다.

반면 다산 정약용은 인물성이론의 입장을 취했습니다. 그는 '인성과 물성은 다르다'고 보았으며, 사람에게는 사람의 성질이, 소에게는 소의 성질이 따로 있다는 점을 강조했습니다. 이를테면, "어떻게 사람의 성질과 소의 성질이 같을 수 있겠는가?"라는 것이 다산의 기본적인 생각입니다.

자연관에 대해서도 다산은 전형적인 성리학자들과는 조금 다른 태도를 보였어요. 그는 자연을 연속적이고 유기적으로 보기보다는 일정 부분 객관화하고 대상화하려 했습니다. 이러한 관점은 당시로서는 상당히 진보된 사고였지요. 이런 점들은 그의 여러 자연과학적 저술에서도 드러납니다. 예를 들어 렌즈 이론 등과 같은 작업들은 다산의 이런 사고에서 출발했을 가능성이 큽니다.

다만, 이 주제는 매우 복잡하고 이론적으로 깊이 따져볼 여지가 많은 문제입니다. 지금 이 자리에서 간단히 정리하기는 어렵지만, 말씀하신 '지구 정원사'의 개념이나 인간의 역할과 연결지어 생각해보면, 인물성동이론과 일정 부분 접점이 있을 것이라 여겨집니다.

🎧 청중 2

오늘 퇴계 시대의 매화 향기를 선생님께서 우리에게 가져다 주신 것 같습니다. 이곳에 그 시대의 퇴계도 와 계시고 매화 향도 함께 자리한 듯하네요. 강의 내용도 너무 훌륭해서 감동이었습니다. 그나저나, 선생님께서는 매화를 좋아하시는지 모르겠네요.

🎓 송재소 선생님

좋아합니다.(웃음)

🎧 청중 2

아! 강의를 듣고 지식을 쌓는 것보다, 이렇게 선생님 기쁜 마음으로 웃게 해드리고 싶었습니다. 감사합니다.

🎓 송재소 선생님

고맙습니다.

🎧 청중 3

안녕하세요, 선생님. 저를 기억하지 못하실 수도 있겠지만, 저는 성균관대학교 한문학과 88학번 나상훈이라고 합니다. 선생님과 특별한 인연이 있는 것은 아니지만, 대학 시절 야학을 마치고 대학로를 걷다가 전통 찻집이나 가게에서 소주잔을 기울이던 추억이 있습니다. 저는 만학을 해서 학교에 다닐 때 나이가 많았습니다. 그래서 교수님이라고 부를 만한 분이 송 교수님 한 분밖에 없는 것 같습니다. 그렇기 때문에 제게는 선생님이 더욱 특별한 존재로 남아 있습니다. 오랜 세월 동안 마음속으로 늘 한 번 꼭 뵙고 싶다는 생각을 해왔고, 그것이 제 버킷리스트 중 하나였습니다. 오늘 이렇게 선생님을 직접 뵙게 되어 참으로 뜻깊고 감격스러운 날입니다.

또, 오늘 강연을 통해 새로운 깨달음을 얻게 되어 더욱 감사드립니다. 강의 중 자연을 보호하는 이유에 대해 두 가지 관점을 말씀해 주셨죠. 자연 그 자체를 위해 보호해야 하는가, 아니면 인간을 위해 보호해야 하는가에 대한 문제를 놓고 볼 때, 선생님의 말씀을 들으며 제가 얻은 결론은 이렇습니다. 자연의 복원력을 해치지 않는 범위 내에서, 인간을 위해 자연을 개발하고 유익하게 활용하는 것이 인간과 자연의 바람직한 관계가 아닐까 하는 생각이 들었습니다.

선생님께 이렇게 깊은 깨달음을 얻게 해주셔서 진심으로 감사드립니다.

🎓 송재소 선생님

지금 말씀하신 나상훈 군은 한문학과 제1회 졸업생이군요. 제1회는 야간으로 모집했던 시절이었습니다. 그때는 지금은 사라진 석조 건물에서 밤마다 강의를 했던 기억이 납니다.

나상훈 군, 그 시절에도 참 인상이 깊었는데 지금 이렇게 보니 내가 더 늙어 보여야 할 텐데 오히려 나보다 더 연륜이 묻어나는 것 같아 반갑기도 하고 마음이 짠하기도 합니다. 그 시절 재미있게 함께 보냈던 추억들이 아직도 나의 머릿속에 선명합니다. 특히 나상훈 군을 언젠가 꼭 다시 만나보고 싶었는데, 오늘 이렇게 와줘서 정말 기쁩니다. 잘 왔습니다.

🎧 청중 4

선생님의 강의를 정말 오랜만에 듣게 되어 저 역시 감동입니다. 이렇게 귀한 자리를 만들어 주셔서 감사드립니다. 제가 여쭤보고 싶은 것은 다름이 아니라, 아까 선생님께서 연암 박지원과 담헌 홍대용은 '인물성동론'을 주장하셨고, 다산 정약용은 '인물성이론'을 주장하면서 자연을 대상화하고 객관화하는 시각을 지녔다고 말씀하셨는데요. 다산의 '인물성이론'이 기독교 사상과 연관이 있는 것인지 궁금합니다. 다산이 천주교를 접하셨던 것으로 알고 있는데, 혹시 서양 사상과의 접목을 통해 '인물성이론' 쪽으로 기울어진 생각을 갖게 된 것인지도 알고 싶습니다. 또한 선생님께서는 '인물성동론'과 '인물성이론' 중에서 어느 쪽에 더 마음을 두고 계신지, 개인적으로 더 동의하시는 입장이 있으신지 여쭙고 싶습니다.

● 송재소 선생님

다산과 천주교의 관계는 오랫동안 논의되어 온 해묵은 주제이며, 여전히 결론이 나지 않은 논쟁거리로 남아 있습니다. 제 개인적인 견해로는 다산이 천주교 신자는 아니었다고 생각합니다.

다산은 젊은 시절, 자신의 말대로 천주교에 깊이 빠졌던 적이 있습니다. 그는 지식욕으로 가득찬 천재적인 사람이었고, 세상의 모든 것을 알고 싶어 했던, 마치 파우스트와 같은 지적 호기심으로 가득찬 인물이었습니다. 그래서 유교에서 이단으로 간주되던 책들을 포함해, 읽지 말아야 할 금서들까지도 탐독했습니다. 그 과정에서 한문으로 번역된 마테오 리치의 천주교 서적을 접하게 된 겁니다.

마테오 리치는 중국에 살면서 동양 문화와 사상을 깊이 이해하고, 이를 바탕으로 천주교를 동양인들에게 전파하기 위해 많은 노력을 기울였습니다. 그는 천주교를 동양의 철학 체계, 특히 제자백가의 하나처럼 보이도록 설계했습니다. 노자, 묵자, 한비자 등 유학자들이 이단으로 간주하면서도 완전히 거부하지는 않는 사상들처럼, 천주교 역시 동양인들이 거부감을 느끼지 않도록 표현한 것입니다.

다산은 이 시기에 이러한 서적을 접하고 큰 매력을 느꼈습니다. 그는 천주교 사상을 처음 접했을 때, 이를 새로운 것으로 받아들이며 깊이 빠져들었고, 황홀감을 느꼈다고 직접 언급하기도 했습니다. 그러나 이후 그는 천주교가 공자와 맹자의 가르침에 어긋난다고 판단하고, 신앙을 내려놓았어요. 특히 그는 정조대왕에게 올린 상소문에서 천주교에 빠졌던 과거를 솔직히 고백하며, 이를 벗어났음을 분명히 밝혔습니다.

다산이 가장 존경하던 임금인 정조에게 거짓말을 했을 가능성은 매우 낮습니다. 당시 윤리관으로 볼 때, 다산이 속으로는 천주교를 믿으면서 겉으로 거짓말을 했다면 이는 있을 수 없는 일이었을 것입니다. 따라서 다산은 일찌감치 천주교에서 손을 뗀 것으로 보는 것이 합리적이라고 생각합니다.

다만 천주교가 다산사상의 형성에 영향을 미쳤다는 점은 부정할 수 없습니다. 예컨대 그의 상제론(上帝論)과 같은 개념에는 천주교 교리의 흔적이 분명히 보입니다. 그러나 인물성이론의 경우, 천주교와 직접적인 관련은 없다고 생각합니다. 다산이 천주교 때문에 인물성이론을 주장하게 되었다고 보기는 어렵습니다.

질문 중에 또 다른 부분이 있었던 것 같은데, 그에 대해서도 이어서 말씀드릴까요?

🎧 청중 4

그걸로 충분한 것 같습니다. 선생님 감사합니다.

🎙 사회자

네, 오늘 이 자리에 동아시아학술원 대동문화연구원 이영호 원장님께서 함께 해 주셨는데요, 선생님께서도 한말씀 해주시기 바랍니다.

🎧 청중 5

선생님, 강의 잘 들었습니다. 오래전에 제가 대학을 다닐 때 선생님 강의를 들었던 기억이 납니다. 아마 그때 홍만종(洪萬鍾)의 『시화총림(詩話叢林)』을 배웠던 것 같습니다. 그 날 강의 중에 비가 오자, 선생님께서 "오늘 수업은 이쯤 하고, 저기 뒤에 있는 정자에 가서 막걸리나 한잔 하는 게 어떻겠나?"라고 제안하셨던 일이 떠오릅니다. 그래서 모두 우르르 몰려가 막걸리를 나눴던 추억이 참 생생합니다.

그 시절 제가 시를 아주 열정적으로 공부했던 것은 아니지만, 선생님께서 사암(思庵) 박순(朴淳)의 시에 대해 말씀해주셨던 부분은 지금도 기억에 남아 있습니다. 특히 '숙조지(宿鳥知)'에 대해 말씀하시면서, 인간이 세상에 이름을 남기는 여러 방법 중에 이 불후의 문자도 오랜 시간 사람들의 뇌리에 남는 힘을 가졌다는 점을 강조하셨던 게 인상 깊었습니다. 아마 제가 대학교 3학년 때 배운 내용이었던 것 같습니다. 그 후 대학원을 다니는 동안에도 선생님께 배울 수 있었고, 오늘 이렇게 다시 강의를 들을 수 있어 정말 감사한 마음입니다.

오늘 강의의 주제인 고전과 생명을 통해 다시금 느낀 바가 큽니다. 인간이라면 누구나 한 생을 살다 가야 하는데, 선생님께서 오래도록 건강하시고, 주어진 삶 속에서 우리와 함께 뜻깊은 시간을 나눌 수 있기를 진심으로 바랍니다. 선생님, 오늘 강의 정말 감사합니다.

🎓 송재소 선생님

네, 고마워요. 지금 보니, 원법 스님이 여기 와 계시네요, 멀리 청도에서 여기까지 오셨는데, 고맙습니다.

🎧 청중 5

안녕하십니까, 선생님. 사실 얼마 전, 인도 성지 순례를 다녀왔습니다. 15박 16일 동안 학인 선생님들과 함께 인도의 성지를 순례하며 깊은 시간을 보냈는데, 공항에 도착하니 선생님께서 오늘 강의하신다는 문자를 받았습니다. 그래서 서둘러 선생님 강의를 들으러 온 겁니다. 오늘 강의를 들으며 저는 '물물이각득기소(物物而各得其所)'라는 말을 떠올렸습니다. 사물마다 그 자리를 제대로 찾아갈 때 비로소 조화로운 삶이 이루어진다는 의미인데, 선생님의 말씀이 이와 닿아 있다는 생각이 들었습니다.

선생님과의 인연은 제게 언제나 큰 감사의 이유입니다. 오늘도 이렇게 선생님을 뵙고 강의를 들을 수 있어 너무나도 감사한 마음입니다. 정말 고맙습니다.

⬤ 송재소 선생님

제가 옛날 강의하던 때와는 달리 그저 두서없이 얘기하다 보니까 시간 계산을 잘못했습니다. 너무 빨리 끝나는 것 같습니다.

● 사회자

별말씀을요. 질의응답 이어지면서 선생님의 또 다른 강연이 계속되고 있는 것 같습니다. 마이크를 돌리려면 한도 끝도 없을 것 같은데요. 이제, 마지막 질문 혹은 소감을 청해 듣도록 하겠습니다.

● 청중 6

안녕하세요. 저는 94학번 한희정입니다. 학부 시절 내내 선생님께 수업을 열심히, 그리고 행복하게 들었던 제자입니다. 졸업 후에는 다른 공부와 일을 하게 되면서 선후배님이나 선생님들을 자주 뵐 기회가 없었지만, 한문학과에서 공부하며 느꼈던 한문학의 향기와 그를 공부하는 분들의 따뜻한 기운은 30년 동안 제 마음속에 간직하며 감사히 여기며 살아왔습니다. 이 자리를 빌려 선생님께 깊은 감사를 드리고 싶습니다. 또한, 이런 특강을 마련해주신 동아시아미래가치연구소에도 감사의 말씀을 전하고 싶습니다.

오늘 이 자리에서 선생님을 직접 뵙고 강의를 들을

수 있어 정말 행복하고 감사드립니다. 또한 오랜만에 학교 다니던 시절의 좋았던 선배님들까지 뵐 수 있어, 시간이 지나도 이런 좋은 인연이 이어진다는 사실에 다시 한 번 감사한 마음입니다.

얼마 전, 선생님 건강에 이상이 있다는 소식을 들어 걱정을 많이 했는데, 예전과 같은 모습으로 강연해 주셔서 정말 다행이고 기쁩니다. 선생님께서 앞으로도 건강을 잘 챙기시며 저희에게 계속 좋은 영향을 주셨으면 하는 바람입니다. 정말 감사드립니다.

🎓 송재소 선생님

고맙습니다. 겉으로 보기에는 제가 멀쩡해 보일지도 모르겠습니다. 마치 꾀병을 부리는 사람처럼 보일 수도 있겠지만, 겉모습과 속은 좀 다릅니다. 이게 참, 사람이 '표리부동'해서 그렇죠.

제가 암 수술을 받고 나서 의사들이 말하길, 수술 후 5년간 재발이 없으면 완치된 것으로 본다고 합니다. 저는 올해 5월에 수술을 받았으니, 아직 재발은 없지만 앞으로 몇 년 후에는 어떻게 될지 모르겠습니다. 그때는 재발이 올 수도 있고, 그로 인해 생을 마감하지 않을까 싶습니다. 나이도 이제 여든이 넘었으니, 그런 가능성도 자연스럽게 받아들이고 있습니다.

하지만 저는 지금까지 성균관대학교 한문학과에서 많은 학생에게 과분한 사랑을 받았고, 원 없이 술도 마시고 담배도 피우며 살았기 때문에 여한이 없습니다. 지금 당장 죽더라도 마음이 비워져 있어 조금도 서운하거나 아쉽지 않습니다.

물론 가능하다면 여러분과 더 오래 함께하며 앞으로도 이런 자리를 가질 수 있기를 바라지만, 그렇게 되지 않더라도 마음속으로는 담담히 받아들이고 있습니다.

오늘 이렇게 부족한 제 강의를 들어주셔서 정말 감사드립니다.

🎙️ 사회자

네 선생님 감사합니다. 다음번에는 강의를 안 해 주실 것처럼 말씀하시는데 다음번에도 꼭 이런 자리를 마련하겠습니다. 이것으로 이번 특강을 마치도록 하겠습니다. 감사합니다.

동아시아미래가치연구소
생명학 CLASS 03

고전과 생명

1판 1쇄 인쇄   2025년 5월 9일
1판 1쇄 발행   2025년 5월 16일

지은이   송재소
기획   동아시아미래가치연구소
정리   김영죽·박이진
펴낸이   유지범
책임편집   구남희
편집   신철호·현상철
외주디자인   심심거리프레스
마케팅   박정수·김지현

펴낸곳   성균관대학교 출판부
등록   1975년 5월 21일 제1975-9호
주소   03063 서울특별시 종로구 성균관로 25-2
전화   02)760-1253~4
팩스   02)760-7452
홈페이지   http://press.skku.edu/

ISBN 979-11-5550-667-7 94040
        979-11-5550-664-6 94040(세트)